AF220938

Impressum
Verlag: BABADADA GmbH, Nedderfeld 112 , 22529 Hamburg
Geschäftsführer / Verlagsleitung: Harald Hof
Druck: Books on Demand GmbH, In de Tarpen 42, 22848 Norderstedt

Imprint
Publisher: BABADADA GmbH, Nedderfeld 112 , 22529 Hamburg, Germany
Managing Director / Publishing direction: Harald Hof
Print: Books on Demand GmbH, In de Tarpen 42, 22848 Norderstedt

學校

학교

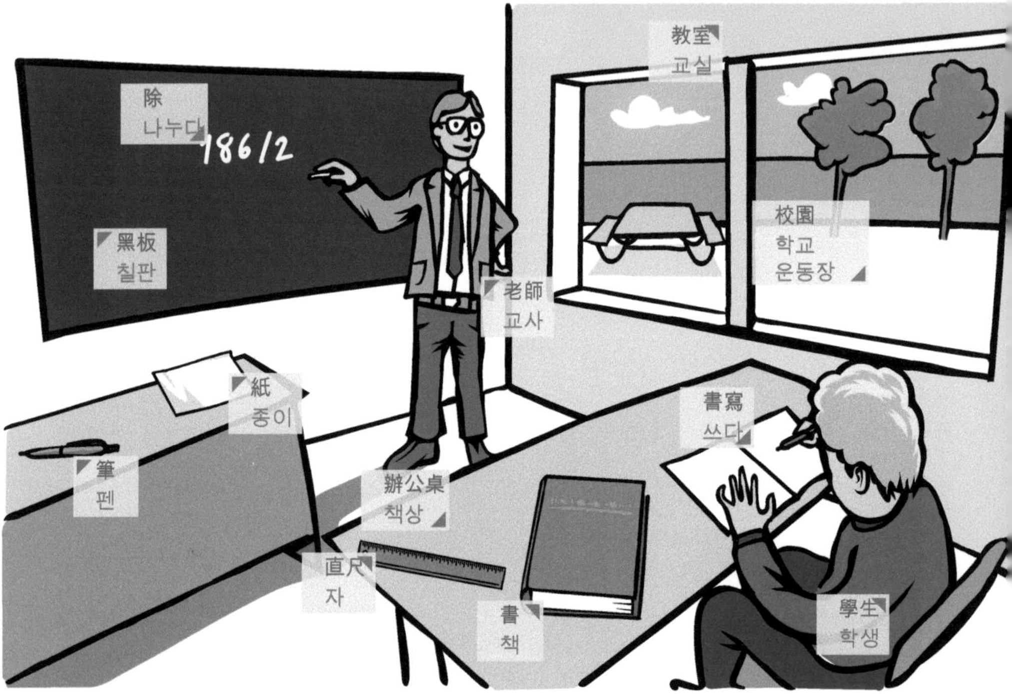
除
나누다
186/2
黑板
칠판
老師
교사
教室
교실
校園
학교
운동장
紙
종이
筆
펜
辦公桌
책상
書寫
쓰다
直尺
자
書
책
學生
학생

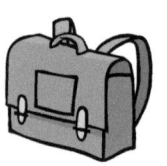

書包

책가방

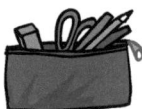

鉛筆盒

필통

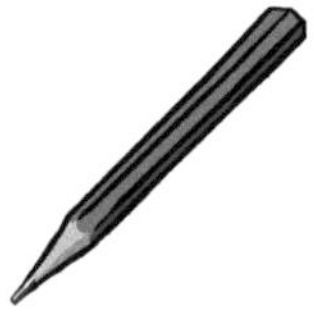

鉛筆

연필

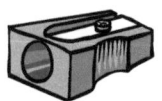

削鉛筆機

연필깎이

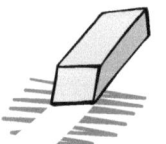

橡皮擦

지우개

畫板

스케치북

圖畫
그림

畫筆
붓

顏料盒
그림물감 통

剪刀
가위

膠水
풀

練習冊
연습장

家庭作業
숙제

12

數字
숫자

2+2

加
더하다

減
빼다

2×2

乘
곱하다

計算
계산 하다

A

字母
글자

ABCDEFG
HIJKLMN
OPQRSTU
VWXYZ

字母表
알파벳

字
낱말

課文

텍스트

讀

읽다

粉筆

분필

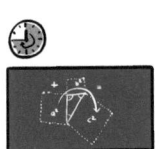

上課

수업시간

登記

출석부

考試

시험

證書

증명서

校服

교복

教育

교육

百科全書

백과사전

大學

대학교

顯微鏡

현미경

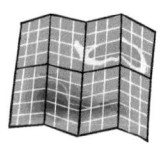

地圖

지도

廢紙簍

휴지통

飯店
호텔

Grand

青年旅社
호스텔

ROOMS

外幣兌換處
환전소

EXCHANGE

手提箱
여행가방

汽車
자동차

語言
언어

是/否
예 / 아니오

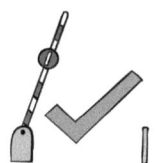

好的
좋아

您好
안녕

翻譯人員
번역가

謝謝
고마워, 고마워요

......多少錢？

... 얼마입니까?

我不明白

나는 이해하지 못합니다

問題

문제

晚上好！

안녕하세요!

早上好！

안녕하세요!

晚安！

잘자요!

再見

또 만나요

方向

방향

行李

수하물

包

가방

背包

배낭

客人

손님

房間

방

睡袋

침낭

帳篷

텐트

旅行資訊

여행 안내

海灘

해변

信用卡

신용카드

早餐

아침식사

午餐

점심식사

晚餐

저녁식사

票

승차권

電梯

승강기

郵票

우표

邊界

경계

海關

세관

大使館

대사관

簽證

비자

護照

여권

交通運送
운반

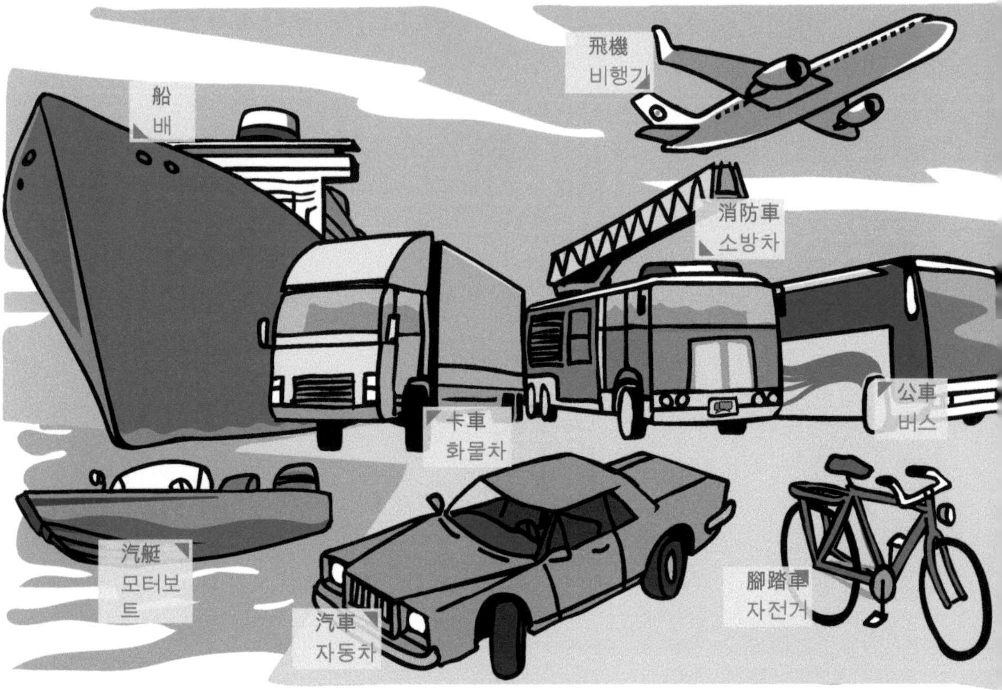

飛機
비행기
船
배
消防車
소방차
卡車
화물차
公車
버스
汽艇
모터보
트
汽車
자동차
腳踏車
자전거

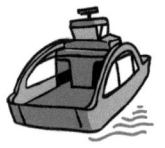

渡輪

페리

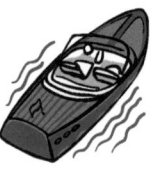

小船

보트

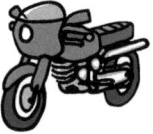

機車

오토바이

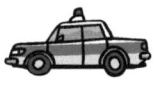

警車

경찰차

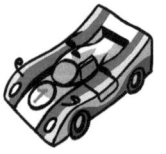

賽車

경주차

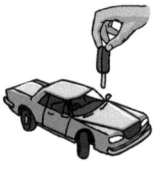

租車

렌트카

拼車

카셰어링

拖車

견인차

垃圾車

쓰레기차

馬達

모터

汽油

연료

加油站

주유소

交通標識

교통 표지

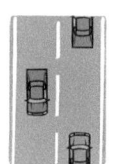

交通

교통

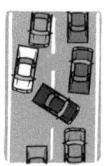

交通堵塞

교통 정체

停車場

주차장

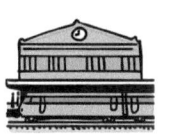

火車站

기차역

軌道

트랙터

火車

기차

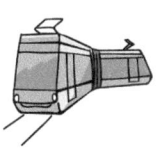

路面電車

전차

客車廂

객차

直升機

헬리콥터

機場

공항

塔

타워

乘客

승객

集裝箱

컨테이너

紙板箱

상자

手推車

카트

籃子

바구니

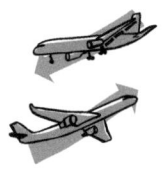

起飛/降落

출발하다 / 도착하다

城市

도시

村莊

마을

市中心

도심

房子

집

電影院
영화관

廣告
광고

路燈
가로등

CINEMA

街道
거리

計程車
택시

小吃店
분식점

行人
보행자

人行道
인도

斑馬線
횡단보도

垃圾箱
쓰레기통

十字路口
교차로

紅綠燈
신호등

小屋

오두막

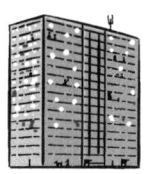

公寓

주택

火車站

기차역

市政廳

시청

博物館

박물관

學校

학교

城市 - 도시

11

大學

대학교

銀行

은행

醫院

병원

飯店

호텔

藥房

약국

辦公室

사무실

書店

서점

商店

상점

花店

꽃가게

超市

수퍼마켓

市場

시장

百貨商店

백화점

魚店

생선가게

購物中心

쇼핑 센터

海港

항구

公園

공원

長凳

벤치

橋

다리

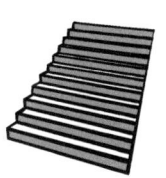

樓梯

계단

捷運

지하철

隧道

터널

公車站

버스 정류장

酒吧

바

餐館

레스토랑

郵筒

우체통

路標

도로 표지판

停車計時器

주차료 징수기

動物園

동물원

游泳池

수영장

清真寺

모스크 사원

農場
농장

污染
환경오염

墓地
공동묘지

教堂
교회

操場
놀이터

寺廟
절

地形
풍경

樹葉
잎

指示牌
이정표

路
길

草地
초원

石頭
돌

徒步旅行者
도보여행자

樹
나무

河
강

草
잔디

花
꽃

峽谷
계곡

丘陵
산

湖
호수

森林
숲

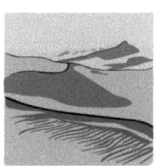

沙漠
사막

火山
화산

城堡
성

彩虹
무지개

蘑菇
버섯

棕櫚樹
야자나무

蚊子
모기

蒼蠅
파리

螞蟻
개미

蜜蜂
벌

蜘蛛
거미

甲蟲

딱정벌레

青蛙

개구리

松鼠

다람쥐

刺蝟

고슴도치

野兔

토끼

貓頭鷹

부엉이

鳥

새

天鵝

백조

野豬

맷돼지

鹿

사슴

麋鹿

순록

水壩

댐

風力發電機

풍력 터빈

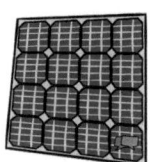

太陽能電池板

태양광 전지판

氣候

기후

服務生
▶ 웨이터

菜譜
메뉴

椅子
의자

湯
수프

披薩餅
피자

桌布
테이블
보

餐具
수저

前菜
....
전채요리

主菜
....
주요리

甜點
....
후식

飲料
....
음료수

食物
....
음식

瓶子
....
병

速食

인스턴트 식품

街邊小吃

길거리음식

茶壺

찻주전자

糖盒

설탕통

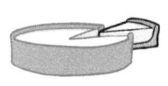

一份飯菜

인분

義式咖啡機

에스프레소 머신

高腳椅

높은 의자

帳單

계산서

托盤

쟁반

刀

칼

餐叉

포크

勺子

숟가락

茶匙

찻숟가락

餐巾

냅킨

玻璃杯

유리잔

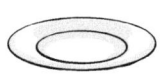

碟子

접시

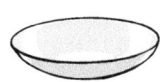

湯盤

수프 그릇

碟子

컵 받침

醬

소스

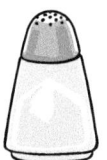

鹽瓶

소금통

胡椒研磨罐

후추통

醋

식초

食用油

기름

調味料

양념

番茄醬

케첩

芥末

겨자

美乃滋

마요네즈

超市
수퍼마켓

特價
특가
판매
顧客
고객
乳製品
유제품
FOR
水果
과일
購物車
트롤리

BUTCHERS

肉鋪

정육점

BAKERY

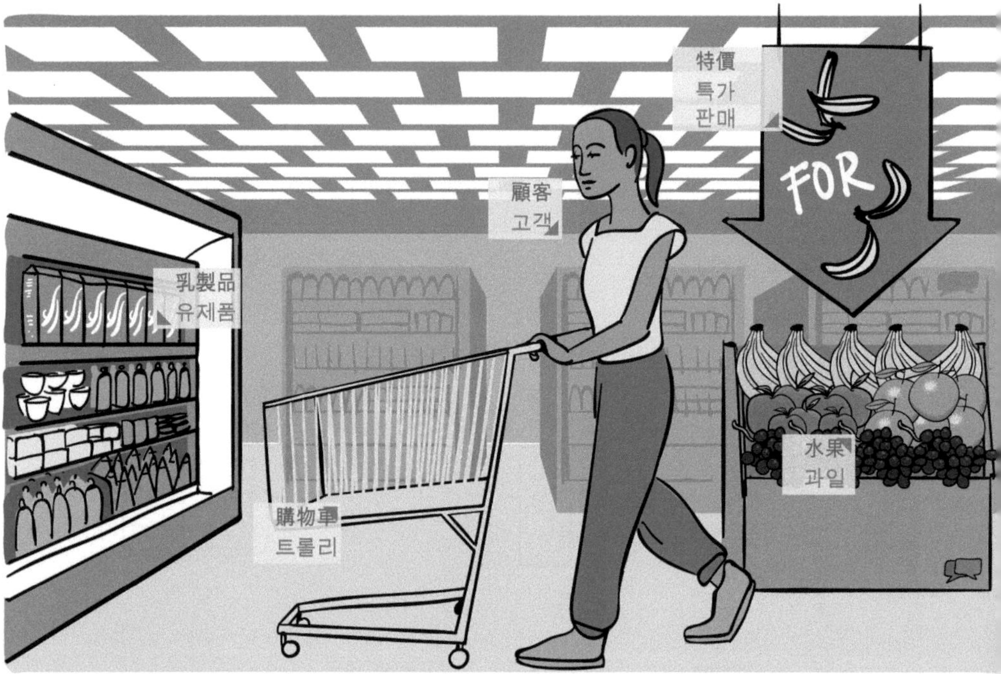

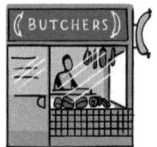

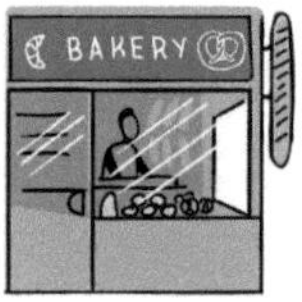

麵包店

빵집

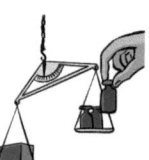

稱重

무게가 나가다

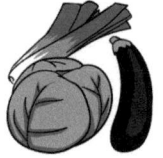

蔬菜

채소

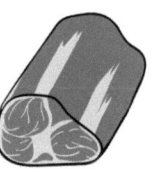

肉

고기

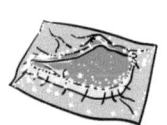

冷凍食品

냉동식품

冷盤

냉육

罐頭食品

통조림

洗衣粉

가루 세제

甜食

달콤한 간식

日用品

가정용품

清潔用品

세척제

銷售員

판매원

收銀機

계산대

收銀員

계산원

購物清單

구매목록

開放時間

문 여는 시간

錢包

지갑

信用卡

신용카드

袋子

가방

塑膠袋

비닐 봉투

水

물

果汁

주스

牛奶

우유

可樂

콜라

紅酒

와인

啤酒

맥주

酒

술

可可

카카오

茶

차고

咖啡

커피

義式濃縮咖啡

에스프레소

卡布奇諾

카푸치노

香蕉

바나나

蘋果

사과

柳丁

오렌지

西瓜

수박

檸檬

레몬

胡蘿蔔

당근

大蒜

마늘

竹子

대나무

洋蔥

양파

蘑菇

버섯

堅果

견과류

麵條

국수

義大利麵
스파게티

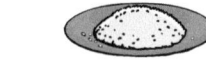

米飯
쌀

沙拉
샐러드

薯條
감자칩

炸馬鈴薯
감자튀김

披薩餅
피자

漢堡
햄버거

三明治
샌드위치

炸豬排
커틀렛

火腿
햄

義大利臘腸
살라미

香腸
소시지

雞肉
닭

烤肉
구이

魚
생선

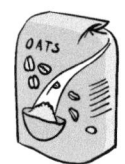

燕麥片

오트밀

木斯里

뮤슬리

玉米片

콘플레이크

麵粉

밀가루

牛角麵包

크루아상

麵包捲

롤빵

麵包

빵

吐司

토스트

餅乾

비스킷

奶油

버터

凝乳

응유

蛋糕

케이크

蛋

달걀

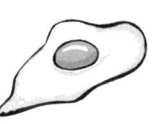

煎蛋

계란 후라이

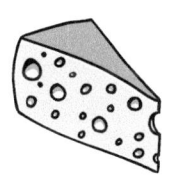

起司

치즈

冰淇淋

아이스크림

糖

설탕

蜂蜜

꿀

果醬

잼

巧克力醬

누가 크림

咖哩

카레

農場
농장

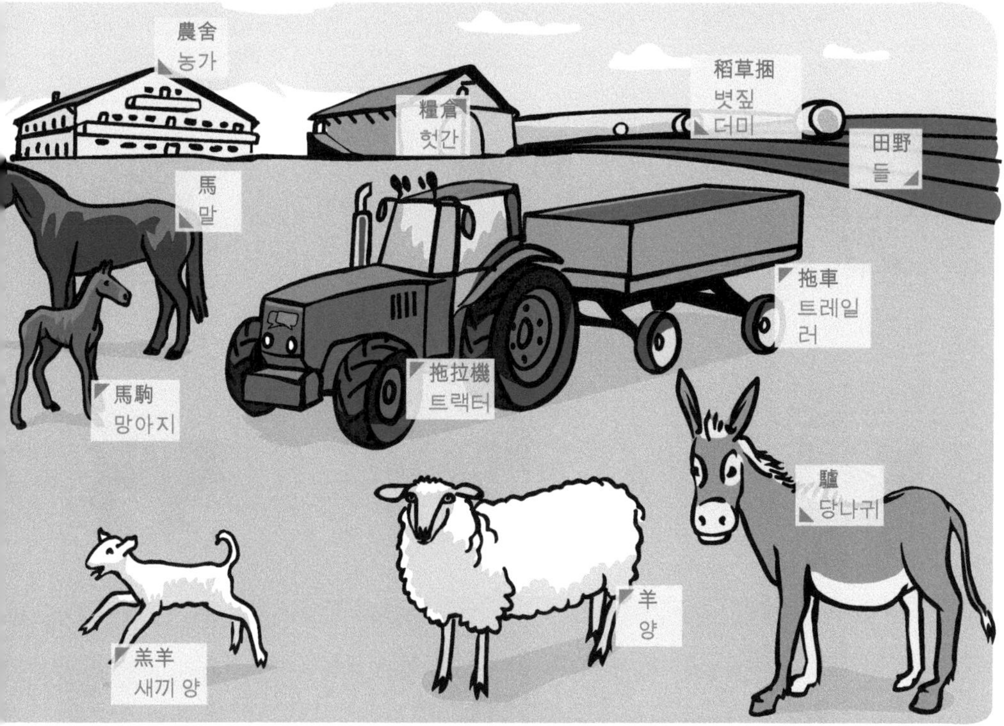
農舍
농가
糧倉
헛간
稻草捆
볏짚
더미
田野
들
馬
말
拖車
트레일
러
馬駒
망아지
拖拉機
트랙터
驢
당나귀
羊
양
羔羊
새끼 양

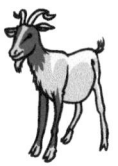

山羊
염소

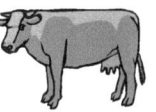

奶牛
암소

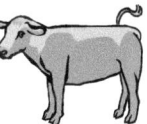

小牛
송아지

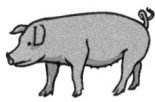

豬
돼지

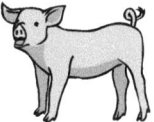

小豬
새끼 돼지

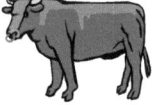

公牛
황소

鵝

거위

鴨

오리

小雞

병아리

母雞

암탉

公雞

수탉

鼠

쥐

貓

고양이

老鼠

생쥐

牛

황소

狗

개

狗屋

개집

花園澆水軟管

정원용 호스

澆水壺

물뿌리개

長柄大鎌刀

큰 낫

犁

쟁기

鐮刀

낫

鋤頭

괭이

長柄草耙

쇠스랑

斧頭

도끼

獨輪手推車

외바퀴 손수레

飼料槽

여물통

牛奶罐

우유 캔

麻布袋

부대

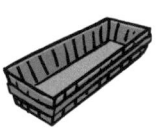

柵欄

울타리

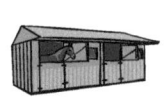

馬廄

축사

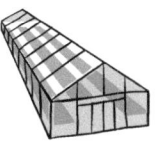

溫室

비닐하우스

土壤

땅

種子

씨앗

肥料

거름

聯合收割機

콤바인

收割

수확 하다

收割

수확

地瓜

참마

小麥

밀

大豆

콩

土豆

감자

玉米

옥수수

油菜籽

유채씨

果樹

과일나무

樹薯

카사바

穀物

곡식

煙囪
굴뚝

屋頂
지붕

落水管
낙수
홈통

窗戶
창문

車庫
차고

門鈴
초인종

門
문

垃圾桶
쓰레기
통

信箱
우편함

花園
정원

客廳
응접실

浴室
욕실

廚房
부엌

臥室
침실

兒童房
아이들 방

餐廳
식사실

房子 - 집

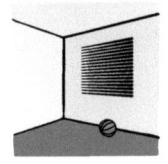

地板

바닥

牆壁

벽

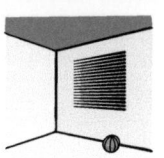

天花板

천장

地窖

지하실

三溫暖

사우나

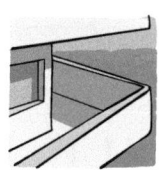

陽臺

발코니

露臺

테라스

游泳池

수영장

割草機

잔디 깎는 기계

被單

침대 시트

床罩

이불

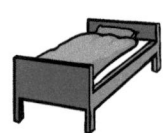

床

침대

掃帚

빗자루

水桶

양동이

開關

스위치

客廳

응접실

壁紙
벽지
相片
그림
檯燈
전등
擱架
선반
櫥櫃
캐비닛
電視
텔레비전
壁爐
벽난로
花
꽃
墊子
쿠션
沙發
소파
花瓶
꽃병
遙控器
리모컨

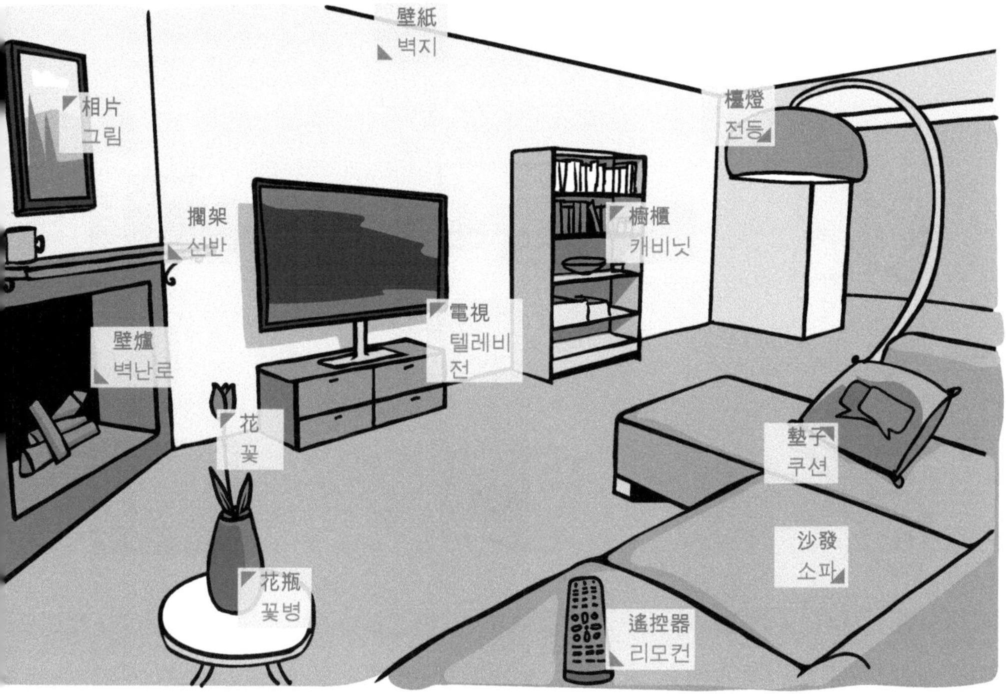

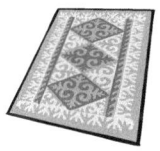

地毯

카페트

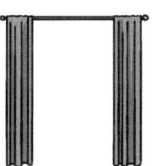

窗簾

커튼

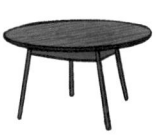

餐桌

탁자

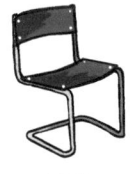

椅子

의자

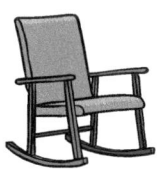

搖椅

흔들의자

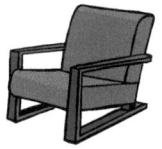

扶手椅

안락의자

書
책

毯子
담요

裝飾品
장식

木柴
뗄감나무

電影
영화

高傳真音響
하이파이 기기

鑰匙
열쇠

報紙
신문

油畫
회화

海報
포스터

收音機
라디오

筆記本
노트

吸塵器
진공청소기

仙人掌
선인장

蠟燭
초

廚房
부엌

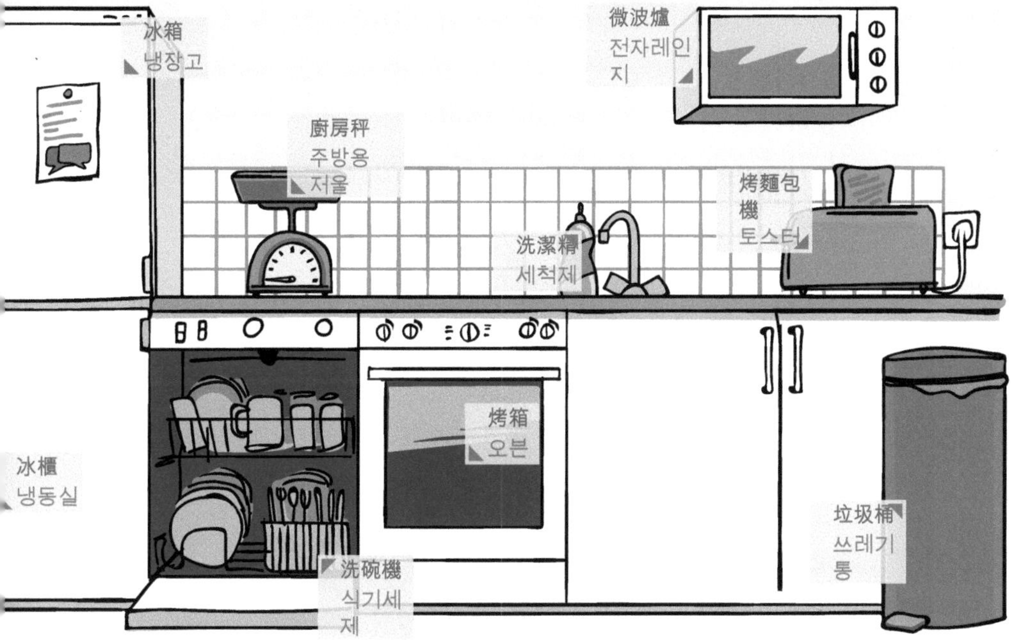
冰箱
냉장고
微波爐
전자레인지
廚房秤
주방용 저울
烤麵包機
토스터
洗潔精
세척제
烤箱
오븐
冰櫃
냉동실
垃圾桶
쓰레기통
洗碗機
식기세제

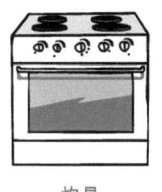

炊具

쿠커

鍋

냄비

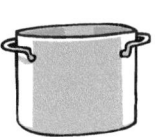

鑄鐵鍋

주철 냄비

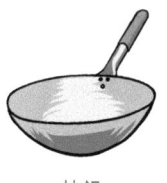

炒鍋

웍 / 카다이 냄비

平底鍋

프라이팬

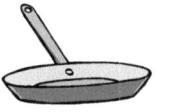

水壺

주전자

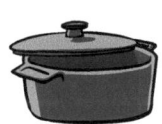

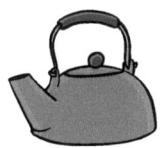

蒸鍋

찜기

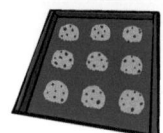

烤盤

오븐 구이용 쟁반

陶瓷鍋

그릇

馬克杯

머그

碗

양푼이

筷子

젓가락

長柄勺

국자

鏟子

주걱

攪拌器

거품기

濾網

여과기

篩子

체

磨碎機

강판

研缽

절구

燒烤

바베큐

明火

화덕

菜板

도마

擀麵杖

밀방망이

開瓶器

코르크 병따개

罐子

캔

開罐器

캔 따개

隔熱手套

냄비 받침

水槽

개수대

刷子

솔

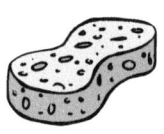

海綿

수세미

攪拌機

블렌더

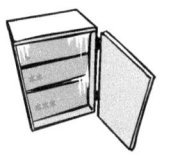

冷藏箱

냉동고

奶瓶

젖병

水龍頭

수도꼭지

供暖裝置
▶히터

淋浴
샤워◢

毛巾
수건◢

浴簾
샤워
커튼 ◢

泡沫浴
거품
▶비누

浴缸◢
욕조

玻璃杯
유리잔

洗衣機
세탁기

水龍頭
수도꼭
지 ◢

瓷磚
타일
◢

便壺
변기

水槽 ◢
개수대

厠所

화장실

蹲便器

재래식 화장실

坐浴器

비데

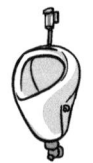

小便斗

공중 변소

厠紙

화장지

馬桶刷

변기솔

牙刷

치솔

牙膏

치약

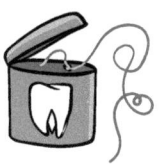

牙線

치실

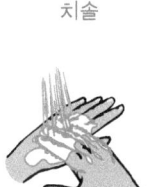

洗

씻다

手持式蓮蓬頭

샤워기

沖洗器

질 세척제

洗臉盆

대야

洗背刷

등밀이솔

肥皂

비누

沐浴露

샤워 젤

洗髮乳

샴푸

法蘭絨

물걸레

排水

배수관

乳霜

크림

除臭劑

체취 제거제

浴室 - 욕실

鏡子

거울

手鏡

휴대용 거울

刮鬍刀

면도기

刮鬍泡沫

면도 거품

鬚後水

에프터쉐이브

梳子

빗

刷子

솔

吹風機

헤어드라이기

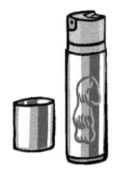

噴髮定型劑

헤어스프레이

化妝品

메이크업

唇膏

립스틱

指甲油

손톱깎이

化妝棉

면 솜

指甲剪

손톱

香水

향수

洗漱包

세면도구 주머니

凳子

스툴

計重秤

저울

浴袍

목욕 가운

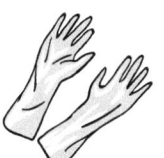

橡膠手套

고무 장갑

衛生棉條

탐폰

衛生棉

생리대

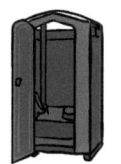

化學廁所

화학 화장실

兒童房

아이들 방

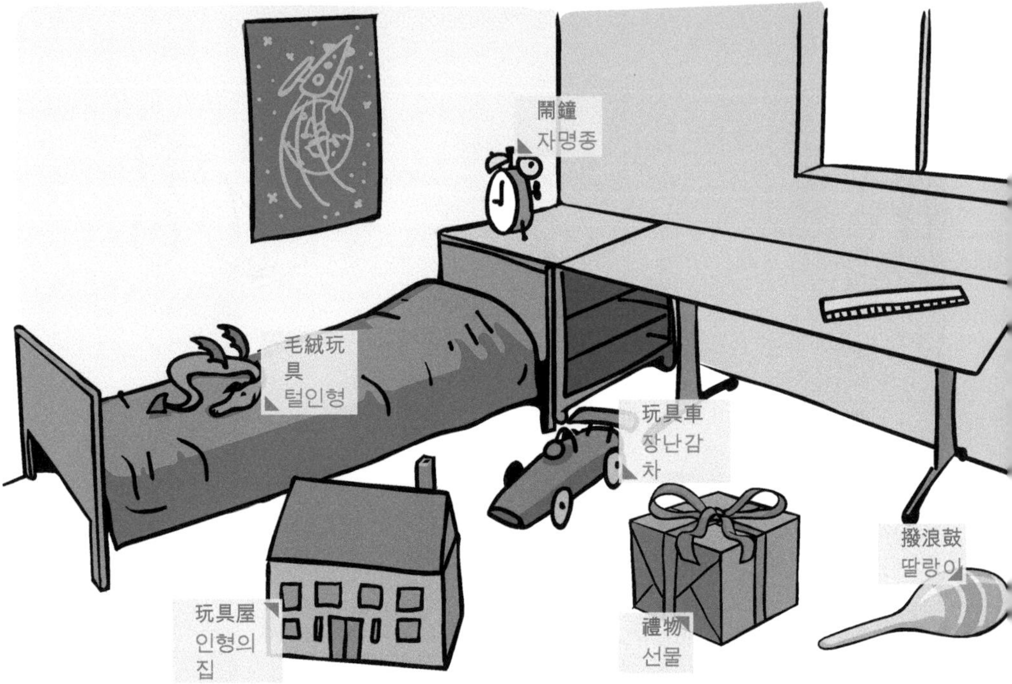

鬧鐘
자명종
毛絨玩具
털인형
玩具車
장난감 차
撥浪鼓
딸랑이
玩具屋
인형의 집
禮物
선물

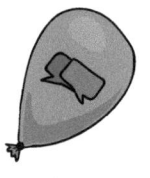

氣球

풍선

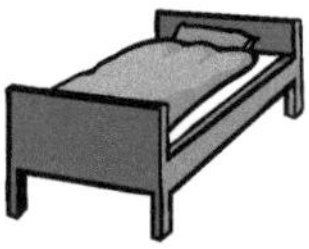

床

침대

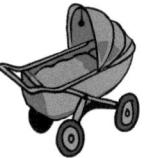

嬰兒車

유모차

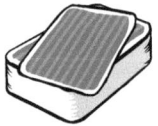

撲克牌

카드 게임

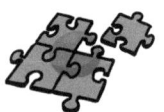

拼圖

퍼즐

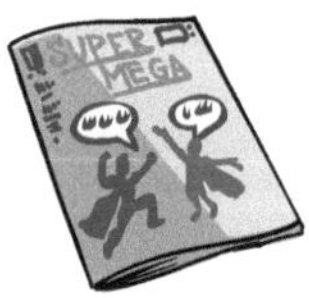

漫畫

만화

樂高積木

레고

積木玩具

장난감 블럭

公仔

액션 캐릭터

嬰兒服

베이비 그로

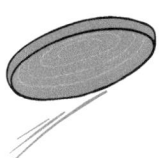

飛盤

프리스비

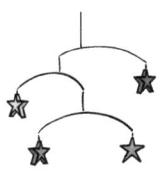

床鈴玩具

모빌

棋盤遊戲

보드 게임

骰子

주사위

火車模型

기차 모형 세트

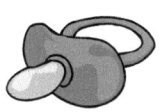

安撫奶嘴

노리개 젖꼭지

派對

파티

繪本

그림책

球

공

洋娃娃

인형

玩

놀다

沙坑

모래상자

鞦韆

그네

玩具

장난감

電玩遊戲

비디오 게임 콘솔

三輪車

세바퀴자전거

泰迪熊

곰인형

衣櫃

옷장

衣服

의복

襪子

양말

長襪

스타킹

緊身褲

스타킹

圍巾
스카프

雨傘
우산

T恤
티셔츠

皮帶
허리띠

靴子
부츠

拖鞋
슬리퍼

運動鞋
운동화

涼鞋
샌들

鞋
신발

雨靴
고무 장화

內褲
팬티

胸罩
브래지어

背心
러닝 셔츠

身體

바디

褲子

바지

牛仔褲

청바지

短裙

치마

女式襯衫

블라우스

襯衫

셔츠

套頭衫

풀오버

連帽上衣

후드티

西裝夾克

블레이저

夾克

자켓

外套

외투

雨衣

비옷

套裝

의상

連衣裙

원피스

婚紗

웨딩 드레스

衣服 - 의복

西裝

양복

睡袍

나이트가운

睡衣

잠옷

莎麗

사리

頭巾

두건

包頭巾

터번

波卡

부르카

卡夫坦

카프탄

(阿拉伯式)長袍

아바야

泳衣

수영복

男式泳褲

수영바지

短褲

반바지

運動服

트레이닝복

圍裙

앞치마

手套

장갑

鈕扣

단추

眼鏡

안경

手鏈

팔찌

項鍊

목걸이

戒指

반지

耳環

귀걸이

便帽

캡 모자

衣架

옷걸이

帽子

모자

領帶

넥타이

拉鍊

지퍼

安全帽

헬멧

背帶

멜빵

校服

교복

制服

유니폼

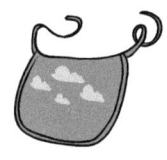

圍兜

턱받이

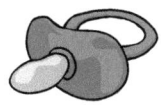

安撫奶嘴

노리개 젖꼭지

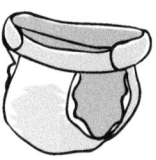

尿布

기저귀

辦公室
사무실

伺服器
서버
檔案櫃
서류 캐비닛
印表機
인쇄기
紙
종이
螢幕
모니터
滑鼠
마우스
辦公桌
책상
資料夾
폴더
鍵盤
자판기
椅子
의자
廢紙簍
휴지통
電腦
컴퓨터

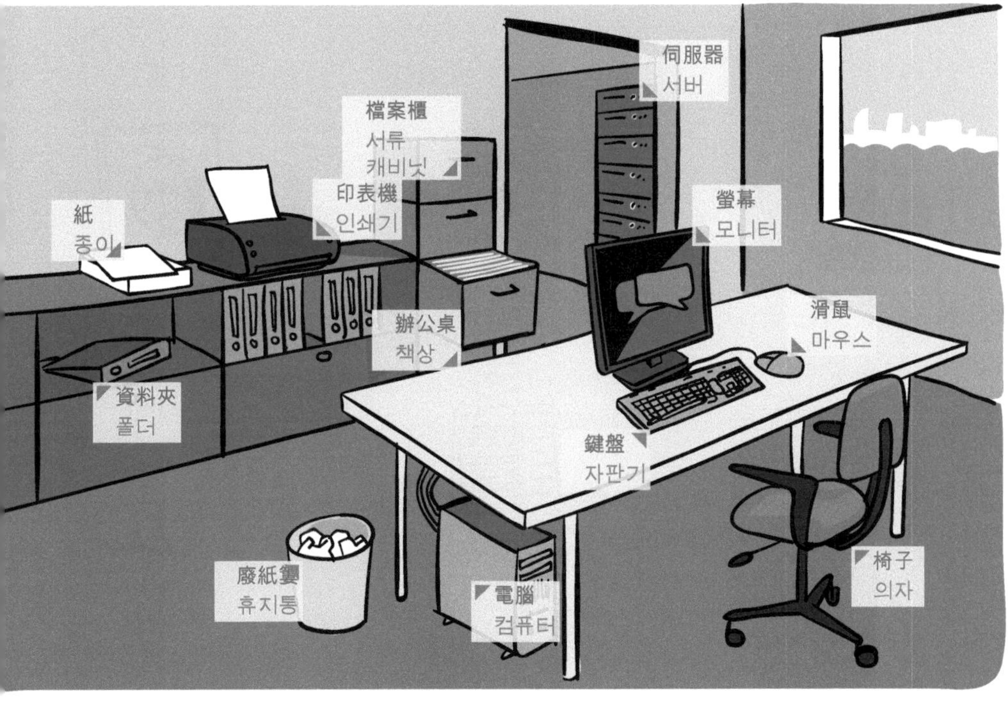

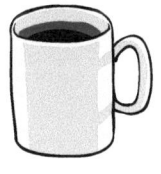

咖啡杯

커피잔

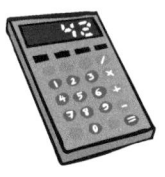

計算機

계산기

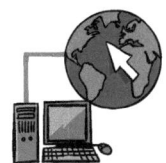

網際網路

인터넷

筆記型電腦

노트북

信件

편지

簡訊

메시지

行動電話

휴대전화

網路

네트워크

影印機

복사기

軟體

소프트웨어

電話

전화

插座

플러그 소켓

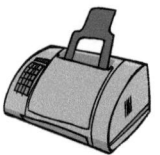

傳真機

팩시밀리

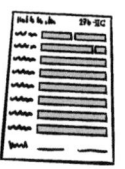

表格

서식

檔案

서류

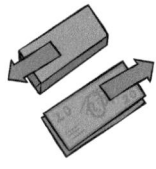

買
....
사다

付錢
....
지불하다

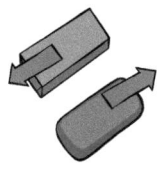

交易
....
거래하다

現金
....
돈

USD

美元
....
달러

EUR

歐元
....
유로

JPY

日元
....
엔

RUB

盧布
....
루벨

CHF

瑞士法郎
....
스위스 프랑

CNY

人民幣
....
위안

INR

盧比
....
루피

提款處
....
현금인출기

外幣兌換處

환전소

金

금

銀

은

石油

석유

能源

에너지

價格

가격

合約

계약

稅金

세금

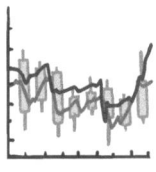

股票

주식

工作

일하다

職員

근로자

老闆

고용주

工廠

공장

商店

상점

職業
직업

警官
경찰관

消防員
소방관

廚師
요리사

醫師
의사

飛行員
조종사

園丁

정원사

木匠

목수

裁縫

수선공

法官

판사

化學家

화학자

演員

배우

職業 - 직업   53

公車司機

버스운전사

計程車司機

택시 운전사

漁夫

어부

清洗女工

청소부

屋頂工

지붕 수리자

服務生

웨이터

獵人

사냥꾼

畫家

화가

麵包師

제빵사

電工

전기업자

建築工人

건축업자

工程師

엔지니어

屠夫

정육점업자

水管工

배관업자

郵差

우편물 배달부

士兵

군인

建築師

건축가

收銀員

계산원

花農

플로리스트

理髮師

미용사

售票員

검표원

機械技師

정비사

船長

선장

牙醫

치과의사

科學家

학자

拉比

유대교 라비

伊瑪目

이맘

和尚

수도승

牧師

사제

職業 - 직업

工具

연장

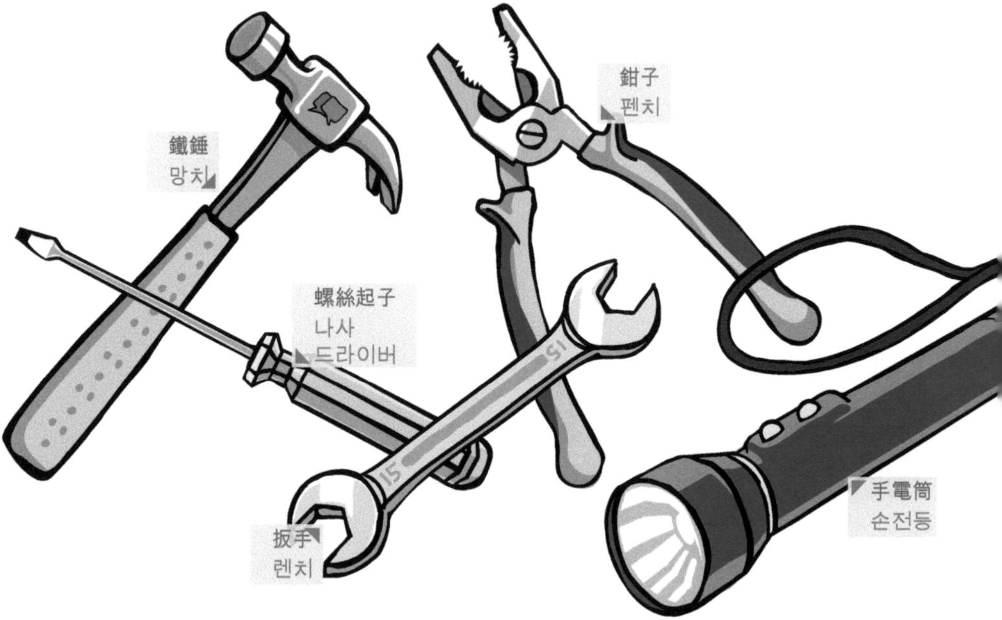
鐵錘
망치
鉗子
펜치
螺絲起子
나사
드라이버
扳手
렌치
手電筒
손전등

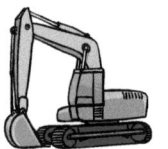

挖掘機

굴삭기

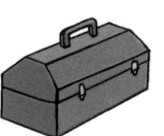

工具箱

연장통

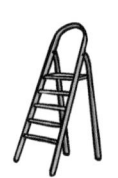

梯子

사다리

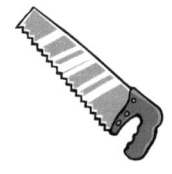

鋸子

톱

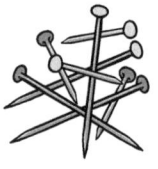

釘子

못

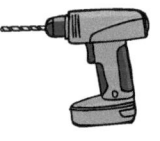

鑽機

드릴

修
수리하다

鏟子
삽

糟糕！
젠장!

畚箕
쓰레받기

油漆桶
페인트통

螺絲
나사

樂器
악기

打擊樂器
드럼

揚聲器
스피커

吉他
기타

低音提琴
콘트라베이스

小號
트럼펫

鋼琴

피아노

小提琴

바이올린

貝斯

베이스

定音鼓

팀파니

鼓

북

電子琴

키보드

薩克斯風

색소폰

長笛

플루트

麥克風

마이크

動物園
동물원

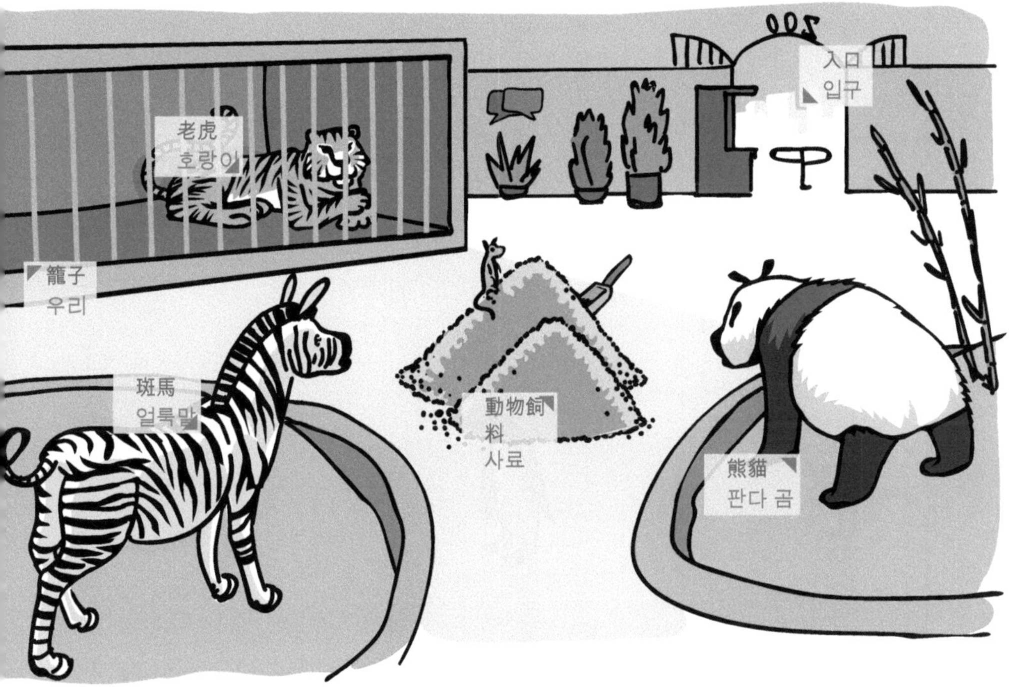

zoo
入口
입구
老虎
호랑이
籠子
우리
斑馬
얼룩말
動物飼料
사료
熊貓
판다 곰

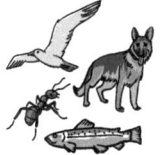

動物

동물

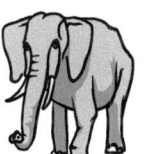

大象

코끼리

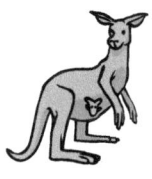

袋鼠

캥거루

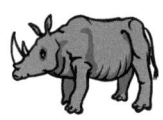

犀牛

코뿔소

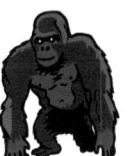

大猩猩

고릴라

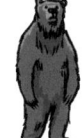

熊

곰

駱駝

낙타

鴕鳥

타조

獅子

사자

猴子

원숭이

紅鶴

홍학

鸚鵡

앵무새

北極熊

북극곰

企鵝

펭귄

鯊魚

상어

孔雀

공작

蛇

뱀

鱷魚

악어

動物園管理員

동물원 사육사

海豹

물개

美洲豹

재규어

矮種馬

조랑말

豹

표범

河馬

하마

長頸鹿

기린

老鷹

독수리

野豬

맷돼지

魚

생선

龜

거북이

海象

바다코끼리

狐狸

여우

羚羊

영양

體育
스포츠

橄欖球
미식축구

騎腳踏車
자전거 경기

網球
테니스

籃球
농구

游泳
수영

拳擊
권투

冰球
아이스하키

美式足球
축구

羽毛球
배드민턴

田徑
육상 경기

手球
핸드볼

滑雪
스키

馬球
폴로

跳
뛰어오르다

擁抱
포옹하다

笑
웃다

走路
걷다

唱
노래하다

做夢
꿈꾸다

祈禱
기도하다

親吻
입맞추다

書寫
쓰다

畫
그리다

展示
보여주다

推
밀다

給
주다

拿
받다

活動 - 활동　　　　63

有
가지다

做
행하다

當
...이다

站
서있다

跑
뛰다

拉
당기다

丟
던지다

摔倒
떨어지다

躺
누워있다

等待
기다리다

攜帶
운반하다

坐
앉다

穿衣
옷을 입다

睡覺
자다

醒來
깨다

看
보다

哭
울다

擊
쓰다듬다

梳頭
빗다

交談
말하다

明白
이해하다

問
묻다

聽
듣다

喝
마시다

吃
먹다

清理
정리하다

愛
사랑하다

做飯
요리하다

開車
주행하다

飛
날다

航行

해항하다

計算

계산하다

讀

읽다

學習

배우다

工作

일하다

結婚

결혼하다

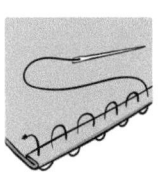

縫

바느질하다

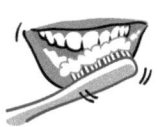

刷牙

이를 닦다

殺

죽이다

抽菸

담배 피우다

寄

보내다

祖母
할머니

祖父
할아버
지

父親
아버지

母親
어머니

嬰兒
아기

女兒
딸

兒子
아들

客人

손님

阿姨

이모 / 고모

叔叔

삼촌

兄弟

형제

姐妹

자매

身體
몸통

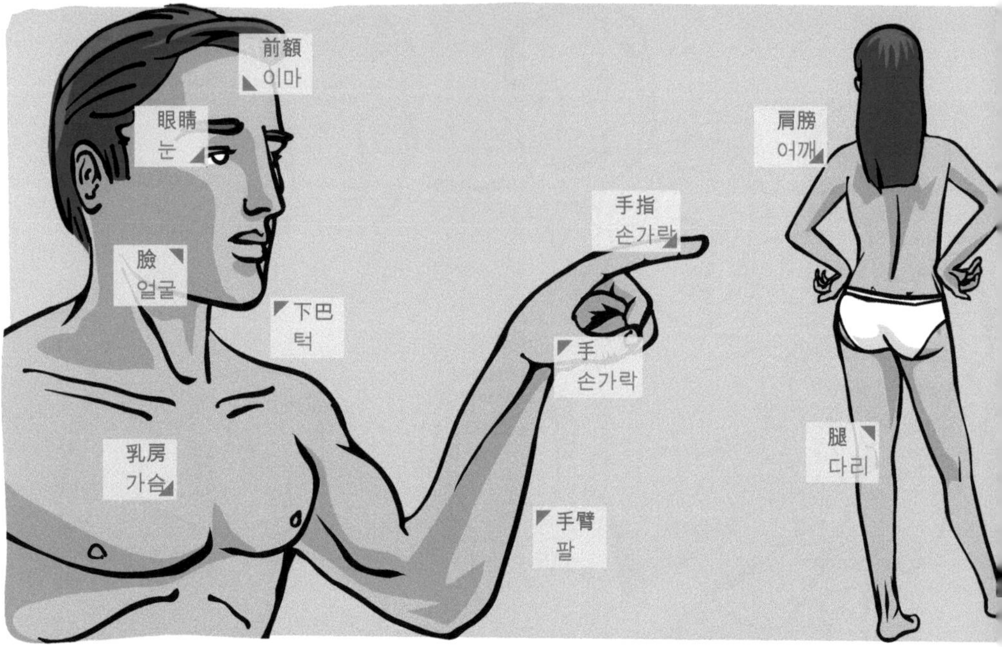

前額
이마
眼睛
눈
臉
얼굴
下巴
턱
乳房
가슴
手指
손가락
手
손가락
手臂
팔
肩膀
어깨
腿
다리

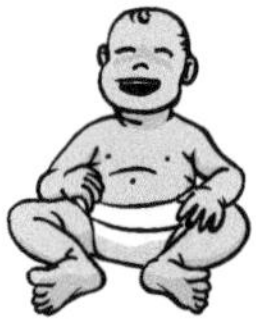

嬰兒

아기

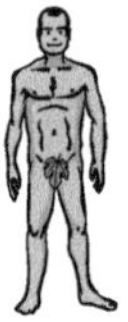

男人

남자

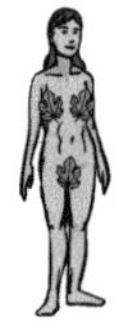

女人

여자

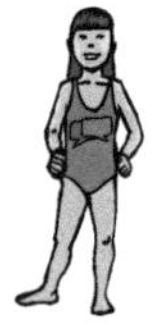

女孩

소녀

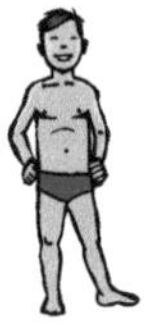

男孩

소년

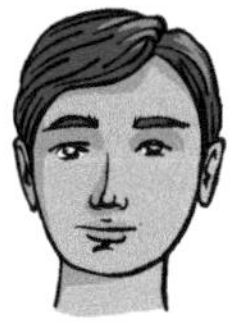

頭

머리카락

背部

등

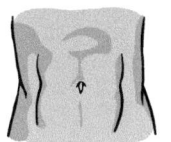

肚子

배

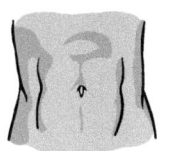

肚臍

배꼽

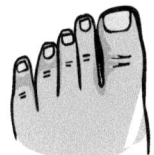

腳趾

발가락

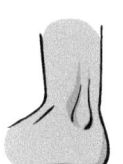

腳後跟

발꿈치

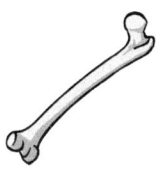

骨頭

뼈

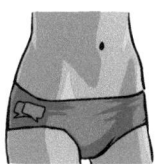

臀部

엉덩이

膝蓋

무릎

手肘

팔꿈치

鼻子

코

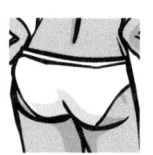

屁股

둔부

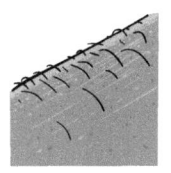

皮膚

피부

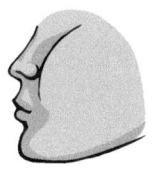

臉頰

뺨

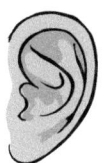

耳朵

귀

嘴唇

입술

身體 - 몸통

嘴

입

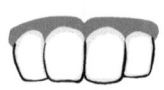

牙齒

치아

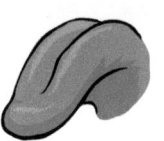

舌頭

혀

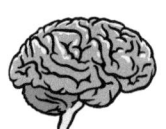

腦

뇌

心臟

심장

肌肉

근육

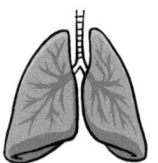

肺

허파

肝臟

간

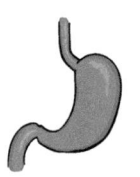

胃

위

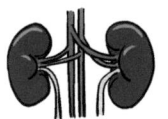

腎臟

신장

性交

성교

保險套

콘돔

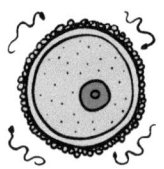

卵子

난자

精子

정자

懷孕

임신

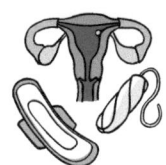

月事

월경

陰道

질

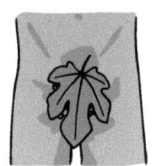

陰莖

음경

眉毛

눈썹

頭髮

머리카락

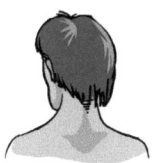

脖子

목

醫院
병원

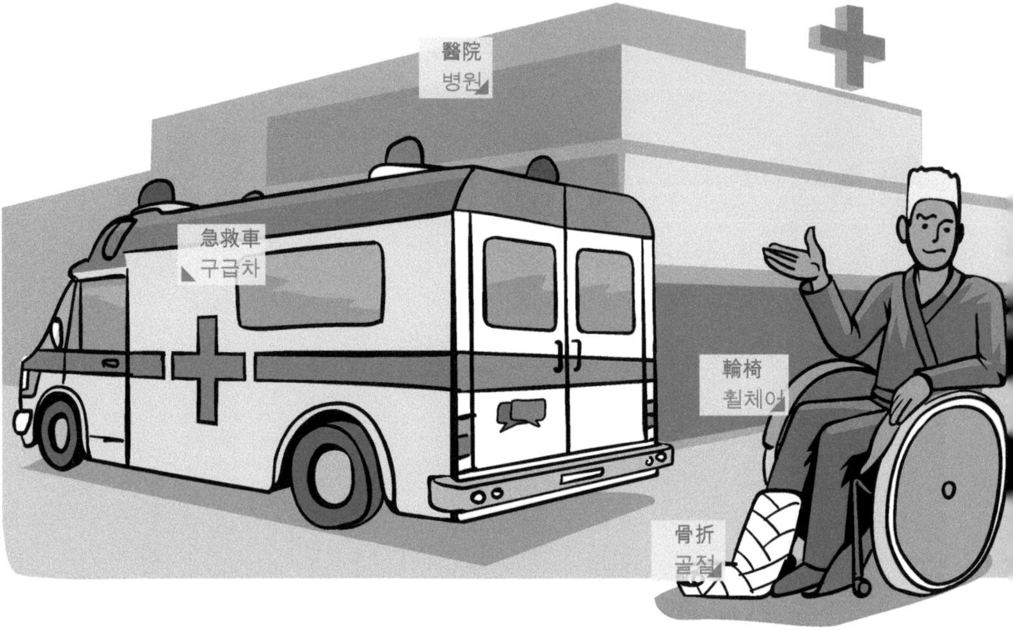

醫院
병원
急救車
구급차
輪椅
휠체어
骨折
골절

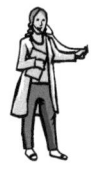

醫師

의사

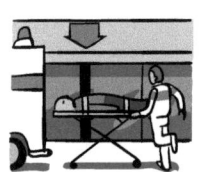

急診室

응급실

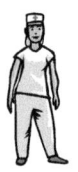

護理師

간호사

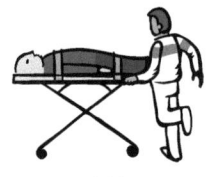

緊急情形

응급상황

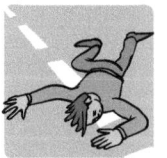

昏迷

혼수상태

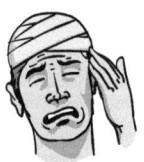

痛

통증

受傷

부상

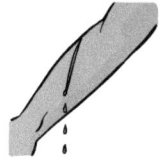

出血

출혈

心臟病發作

심장마비

中風

뇌졸중

過敏

알러지

咳嗽

기침

發燒

열

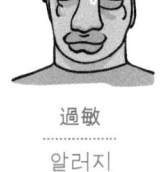

流感

독감

腹瀉

설사

頭痛

두통

癌症

암

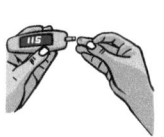

糖尿病

당뇨병

外科醫師

외과의

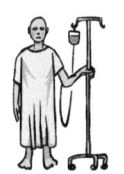

手術刀

수술용 메스

手術

수술

電腦斷層掃描
CT
엑스레이

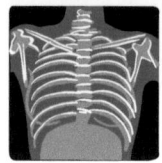

X光
X光
엑스레이

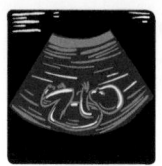

超音波
초음파

口罩
마스크

疾病
질병

候診室
대기실

拐杖
목발

石膏
반창고

繃帶
붕대

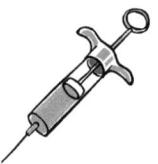

注射
주사

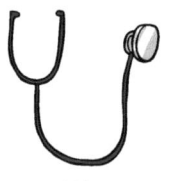

聽診器
청진기

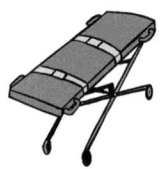

擔架
들것

體溫計
체온계

出生
출생

超重
과체중

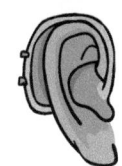

助聽器

보청기

消毒液

소독약

感染

감염

病毒

바이러스

愛滋病

HIV / AIDS

藥物

의학

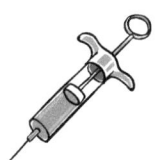

接種疫苗

예방접종

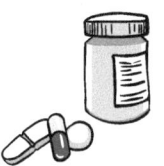

藥片

알약

藥丸

알약

急救電話

구급 전화

血壓計

혈압측정기

生病/健康

병든 / 건강한

救命！

도와주세요!

突擊

폭행

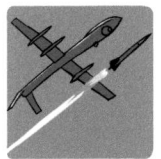

攻擊

공격

危險

위험

緊急出口

비상구

失火了！

불이야!

滅火器

소화기

意外

사고

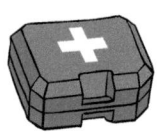

急救箱

구급 상자

呼救訊號

SOS

員警

경찰

歐洲

유럽

北美洲

북미

南美洲

남미

非洲

아프리카

亞洲

아시아

澳洲

호주

大西洋

복극

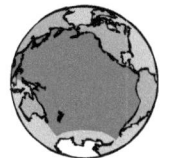

太平洋

태평양

印度洋

인도양

南冰洋

남극해

北冰洋

북극해

北極

북극해

南極
....
남극해

南極洲
....
남극

地球
....
지구

陸地
....
육지

海
....
바다

島
....
섬

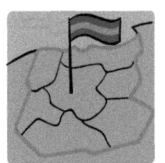

國家
....
국가

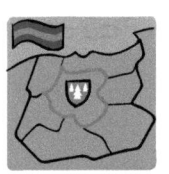

州
....
주

錶盤
시계 문자판

時針
시침

分針
분침

秒針
초침

現在幾點？
몇 시입니까?

天
일

時間
시간

現在
지금

電子錶
디지털 시계

分
분

時
시간

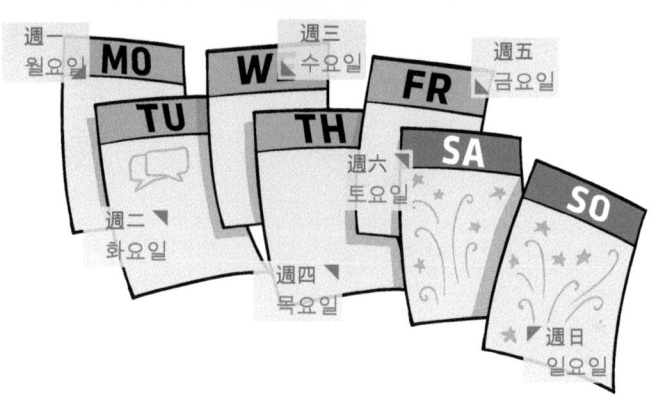

週一 월요일 MO
週二 화요일 TU
週三 수요일 W
週四 목요일 TH
週五 금요일 FR
週六 토요일 SA
週日 일요일 SO

昨天
어제

今天
오늘

明天
내일

早晨
아침

中午
정오

晚上
저녁

MO	TU	WE	TH	FR	SA	SU
1	2	3	4	5	6	7
8	9	10	11	12	13	14
15	16	17	18	19	20	21
22	23	24	25	26	27	28
29	30	31	1	2	3	4

工作日
근로일

MO	TU	WE	TH	FR	SA	SU
1	2	3	4	5	6	7
8	9	10	11	12	13	14
15	16	17	18	19	20	21
22	23	24	25	26	27	28
29	30	31	1	2	3	4

週末
주말

雨
비

彩虹
무지개

風
바람

雪
눈

春
봄

夏
여름

秋
가을

冬
겨울

天氣預告
．．．．．．．．．．
날씨 예보

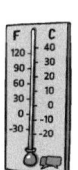

溫度計
．．．．．．．．．．
온도계

陽光
．．．．．．．．．．
햇빛

雲
．．．．．．．．．．
구름

霧
．．．．．．．．．．
안개

潮濕
．．．．．．．．．．
습도

閃電

번개

打雷

천둥

風暴

폭풍

冰雹

우박

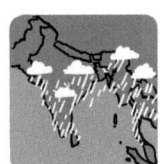

季風

장마

洪水

홍수

冰

얼음

一月

1월

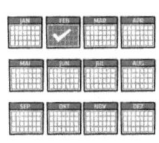

二月

2월

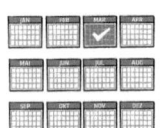

三月

3월

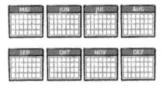

四月

4월

五月

5월

六月

6월

七月

7월

八月

8월

年 - 년도

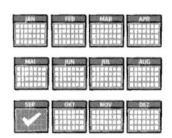

九月
....
9월

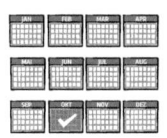

十月
....
10월

十一月
....
11월

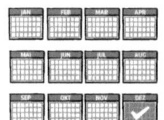

十二月
....
12월

形狀
형태

圓形
....
원

正方形
....
정사각형

長方形
....
직사각형

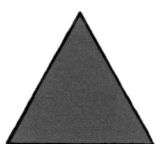

三角形
....
삼각형

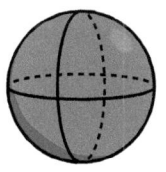

球體
....
구

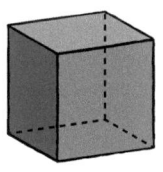

立方體
....
정사면체

顔色
색

白
하양

黃
노랑

橙
주황

粉
분홍

紅
빨강

紫
보라

藍
파랑

綠
초록

棕
갈색

灰
회색

黑
검정

很多/少許

많은 / 적은

生氣/平靜

화난 / 차분한

美/醜

아름다운 / 추한

首/尾

시작 / 끝

大/小

큰 / 작은

明/暗

밝은 / 어두운

兄弟/姐妹

형제 / 자매

乾淨/骯髒

깨끗한 / 더러운

完整/缺失

완전한 / 불완전한

白天/晚上

낮 / 밤

死/生

죽은 / 산

寬/窄

넓은 / 좁은

可食用/非食用

삭용의 / 비식용의

邪惡/善良

불친절한 / 친절한

興奮/無聊

흥분된 / 지루한

胖/瘦

뚱뚱한 / 마른

第一/最後

처음으로 / 마지막으로

朋友/敵人

친구 / 적

滿/空

꽉 찬 / 텅 빈

硬/軟

딱딱한 / 부드러운

重/輕

무거운 / 가벼운

餓/渴

배고픔 / 목마름

生病/健康

병든 / 건강한

非法/合法

불법 / 합법

聰明/愚笨

영리한 / 어리석은

左/右

왼 / 오른

近/遠

가까운 / 먼

新/舊

새 / 헌

沒有/有些

무 / 유

老/幼

늙은 / 젊은

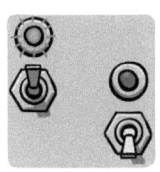

開/關

온 / 오프

打開/闔上

열린 / 닫힌

安靜/吵鬧

조용한 / 시끄러운

富/窮

부유한 / 가난한

對/錯

옳은 / 틀린

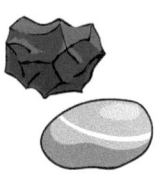

粗糙/光滑

거친 / 매끄러운

傷心/高興

슬픈 / 기쁜

短/長

짧은 / 긴

慢/快

느린 / 빠른

濕/乾

젖은 / 마른

溫暖/涼爽

따뜻한 / 시원한

戰爭/和平

전쟁 / 평화

反義詞 - 반대

0	**1**	**2**
零	一	二
영	하나	둘

3	**4**	**5**
三	四	五
셋	넷	다섯

6	**7**	**8**
六	七	八
여섯	일곱	여덟

9	**10**	**11**
九	十	十一
아홉	열	열하나

12
十二
열둘

13
十三
열셋

14
十四
열넷

15
十五
열다섯

16
十六
열여섯

17
十七
열일곱

18
十八
열여덟

19
十九
열아홉

20
二十
스물

100
百
백

1.000
千
천

1.000.000
百萬
백만

英語

영어

美式英語

미국식 영어

普通話

중국어 만다린

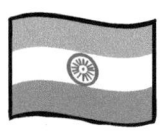

印地語

힌두어

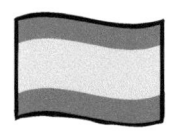

西班牙語

스페인어

法語

프랑스어

阿拉伯語

아랍어

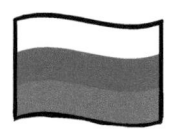

俄語

러시아어

葡萄牙語

포르투갈어

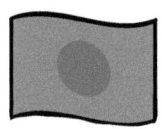

孟加拉語

불가리아어

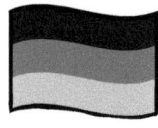

德語

독일어

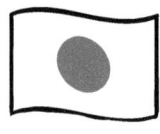

日語

일본어

我

나

你

너

他/她/它

그 / 그녀/ 그것

我們

우리

你們

너희들

他們

그들

誰？

누가?

什麼？

무엇이?

如何？

어떻게?

何處？

어디서?

何時？

언제?

名字

이름

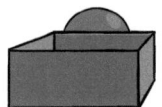

後面

뒤에

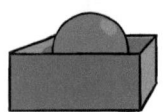

裡面

안에

前面

앞에

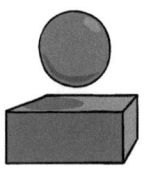

上方

위에

上面

위에

下麵

아래에

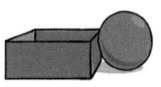

旁邊

옆에

中間

사이에

地點

장소